# Inhalt

**Branchenreport BANKEN Ausgabe 1/2011**

Kernthesen

Beitrag

Zahlen und Fakten

Weiterführende Literatur

Impressum

ized: GENIOS BranchenWissen Nr. 05/2011 vom 04.05.2011

# Branchenreport BANKEN Ausgabe 1/2011

*Andreas Menzen*

## Kernthesen

- Die deutschen Banken legen wieder gute Bilanzen vor. Unklar bleibt jedoch, wie viele Altlasten sie in den Büchern haben.
- Der Commerzbank geht es so gut, dass sie mit der Rückzahlung der staatlichen Hilfen beginnen will.
- Nur geringe Erträge erwirtschaften die von der Finanzkrise besonders gebeutelten Landesbanken. Bei den Bemühungen um eine Konsolidierung des Landesbankensektors gibt es nach wie vor nur wenig Fortschritte.
- Chinas Banken haben die weltweiten

Ranglisten erobert. Die Geldhäuser schwimmen im Geld und stehen im Verdacht, ihre Fühler nun auch nach Europa auszustrecken.

## Beitrag

## Der deutsche Bankenmarkt

Die deutschen Banken stehen den Bilanzen 2010 zufolge gut da. Auch die Prüfungsgesellschaft Ernst & Young hat ermittelt, dass sich die Geschäftslage im deutschen Bankensektor in den vergangenen Monaten weiter verbessert hat. 23 Prozent von 120 befragten Führungskräften in Banken äußerten sich über die geschäftliche Lage sehr zufrieden, weitere 75 Prozent bezeichneten die Lage als zufriedenstellend. Ein wichtiger Grund für den Optimismus der Branche ist die gute konjunkturelle Situation in Deutschland. Im operativen Geschäft werden daher wieder Erfolge verbucht.

Gleichwohl ist die Situation des deutschen Bankenmarktes weiterhin von viel Intransparenz gekennzeichnet. Experten glauben, dass deutsche Banken in weit größeren Schwierigkeiten stecken, als es die wieder positiven Geschäftszahlen wiedergeben.

Die tatsächliche Lage wird auch der bevorstehende Stresstest nicht offen legen, denn das Szenario gilt als lasch. Ein Beweis dafür ist das Ergebnis des letztes Tests: Auch die irischen Banken bestanden ihn problemlos - und mussten wenige Wochen später mit einem Milliardenprogramm gerettet werden.

Das Münchner Ifo-Institut glaubt, dass ein echter Stresstest gewaltige stille Lasten auch der deutschen Banken zutage fördern würde. So wird von den Instituten weiterhin verschleiert, wie viel Geld sie an Länder wie Griechenland und Irland verliehen haben. Die Situation der deutschen Banken erscheint damit durchaus zwiespältig: Die Bilanzen stimmen zwar wieder, doch unter der Oberfläche lauert Ungemach. (1), (2), (4), [Abb. 1]

Dass die deutschen Banken noch mit Altlasten zu kämpfen haben werden, bestätigt die Bundesbank. Die deutsche Zentralbank rechnet damit, dass die deutschen Geldhäuser 2011 nochmals aus der Finanzkrise resultierende Wertberichtigungen in Höhe von 23 Milliarden Euro vornehmen müssen. Überdies sollen die großen Institute laut der Bundesbank noch stark am internationalen Immobilienmarkt engagiert sein, wo die Probleme auch noch nicht überwunden sind. So hätten deutsche Großbanken für internationale Gewerbeimmobilien Kredite in Höhe von über 325 Milliarden Euro ausgereicht. Eine aktuelle Studie zeigt, dass deutsche Banken im europäischen Vergleich immer noch die meisten faulen Kredite in ihren Büchern haben. Das Volumen ausfallgefährdeter Darlehen soll sich zur Jahresmitte 2010 auf rund 225 Milliarden Euro belaufen haben. (7)

Unwohlsein verschaffen den deutschen Banken überdies die vielfältigen Regulierungsmaßnahmen aus Brüssel und Berlin. Experten rechnen damit, dass alleine die neuen Eigenkapitalrichtlinien (Basel III) den deutschen Geldhäusern einen zusätzlichen Kapitalbedarf von 66 Milliarden Euro auferlegen. Es sei jedoch immer noch unklar, wie die Institute der neuen Anforderung gerecht werden können. Bei den mit niedrigen Gewinnen aufwartenden Landesbanken etwa es könnte die einzige Lösung sein, die Geschäftätigkeit nach unten zu revidieren.

Wenig Beifall hat auch das deutsche Anlegerschutzgesetz bekommen. Das Gesetz bestimmt, dass sich die rund 300 000 Berater in deutschen Banken und Sparkassen bei der Bundesanstalt für Finanzdienstleistungsaufsicht (BaFin) registrieren lassen müssen, was für die Banken einigen bürokratischen Aufwand bedeutet. Zudem besteht seit vergangenem Jahr die Protokollierungspflicht bei der Anlageberatung, die von den Kunden oft als unnötiger Verwaltungsaufwand empfunden wird. Die Kette regulatorischer Maßnahmen ist hiermit jedoch noch nicht zu Ende. Im Raum steht nach wie vor die Bankenabgabe, die insbesondere von den Sparkassen bekämpft wird. Diese sehen sich nicht als Verursacher der Finanzkrise und wollen darum auch nicht für die Verfehlungen anderer zur Kasse geben werden. Sparkassen und Genossenschaftsbanken plädieren darum für eine Finanzmarkttransaktionssteuer, die nur solche Geldhäuser treffen würde, die sich an riskanten Geschäften beteiligen. Manche Finanzexperten und die Vorstände der Banken selbst sehen in der Bankenregulierung durch die Bundesregierung eine Benachteiligung deutscher Banken gegenüber ihren Wettbewerbern. (5), (6), (8), [Abb. 2]

Anders als die Realwirtschaft haben die deutschen Banken im vergangenen Jahr keine neuen Arbeitsplätze geschaffen. Nach einer Schätzung der Gewerkschaft Verdi arbeiteten Ende 2010 etwa 657 000 Menschen im Kreditgewerbe und damit 6 000 weniger als 2009. Gerade in den angeschlagenen Landesbanken sind deutliche Einschnitte bei den Beschäftigtenzahlen vorgenommen worden. (3)

## Unternehmen im Markt

Der deutsche Branchenprimus, die **Deutsche Bank**, will 2011 so viel Geld verdienen wie noch nie zuvor. Zehn Milliarden Euro soll der Vorsteuergewinn in diesem Jahr nach Aussage des Vorstandsvorsitzenden Josef Ackermann betragen. Die Deutsche Bank, die die Klippen der Finanzkrise ohnehin sehr gut umschifft hat, steht damit sehr gut da. Auffällig ist jedoch die weiterhin starke Abhängigkeit vom Investmentbanking, die der Schweizer Bankchef in den nächsten drei Jahren abbauen will. Dann sollen nur noch 50 Prozent des Gewinns aus dem Investmentbanking stammen, während die zweite Hälfte das Geschäft mit Massen- und Firmenkunden sowie die Vermögensverwaltung beisteuern. Um das Massengeschäft zu stärken, hat die Deutsche Bank die Postbank übernommen, die alleine 14 Millionen Kunden mitbringt. Eingetrübt wird die gute Stimmung bei Deutschlands Vorzeigebank durch ein kürzlich gesprochenes Urteil des Bundesgerichtshofs. Der BGH hielt dem Geldhaus vor, beim Verkauf von Zinsderivaten vorsätzlich falsch beraten zu haben. Das Urteil könnte eine Klagewelle nach sich ziehen, die die Deutschen Bank noch viel Geld kosten würde. (9)

Hauptthema bei der deutschen Nummer zwei, der **Commerzbank**, bleibt nach wie vor die Rückgewinnung ihrer Unabhängigkeit. Seit der Finanzkrise befindet sich die Bank unter staatlicher Kontrolle, was erst wieder anders werden kann, wenn sie die 25-prozentige Beteiligung der Bundesrepublik zurückzahlt. Da das Geldhaus schon im vergangenen

Jahr wieder Gewinne erwirtschaftete, soll nun, wie kürzlich angekündigt, mit der Rückzahlung begonnen werden. Experten erwarten, dass der erste große Schritt zum Abbau der Hilfen - die insgesamt 18,2 Milliarden Euro betrugen - schon im Sommer kommen soll. 2011 will die Commerzbank im operativen Geschäft deutlich mehr verdienen als die 1,4 Milliarden Euro des vergangenen Jahres. Ein Aushängeschild ist dabei das Geschäft mit dem Mittelstand, während das Privatkundengeschäft trotz elf Millionen Kunden nur wenig Gewinn abwirft. (10), (11)

Nach wie vor in einer schwierigen Lage sind die **Landesbanken**. Sie haben sich bis zur Finanzkrise mit gewagten Geschäften gewaltig verzockt und konzentrieren sich jetzt auf ihr Kerngeschäft - deutsche Firmenkunden, gewerbliche Immobilienfinanzierung und Projektfinanzierung. Da sich nun aber gleich alle acht Landesbanken in diesen Segmenten tummeln, steigt der Wettbewerb und die Margen sinken. Dies führt zu einer vergleichsweise niedrigen Profitabilität, die sich im operativen Ergebnis deutlich niederschlägt. So haben die acht Landesbanken im gesamten Geschäftsjahr 2010 ein Vorsteuerergebnis von gerade einmal 1,9 Milliarden Euro erzielt. Zum Vergleich: Alleine die Deutschen Bank soll ein Ergebnis von knapp drei Milliarden Euro erreicht haben. Branchenexperten sehen darum einen beträchtlichen Konsolidierungsdruck auf den Landesbanken lasten - der aber nach wie vor, bis auf den Fall der West LB, zu keinem Ergebnis geführt hat. (12)

Weitere schmerzhafte Einschnitte auf dem Weg der Konsolidierung stehen der **Landesbank Baden-Württemberg** (LBBW) bevor. Fünf Milliarden Euro hat die Bank von der öffentlichen Hand erhalten, die ihr seitdem einen strengen Sparkurs auferlegen. 2 500 Mitarbeiter müssen die Bank verlassen, wovon bereits 1 250 durch Abfindungsangebote zum Gehen überredet werden konnten. Bis 2013 sollen durch Umstrukturierungen jährlich 700 Millionen Euro eingespart werden. (13)

Vor der Zerschlagung steht die einst mächtige **West LB**. Die Bank hatte eine Beihilfe von 3,4 Milliarden Euro erhalten, die sie aber zurückzahlen muss, wenn die von der EU-Kommission verlangte Neuausrichtung nicht in Gang kommt. Geplant ist derzeit eine Zerteilung der Bank, die die West LB auf ein Viertel ihrer alten Größe stutzen würde. Abgespalten werden soll eine Verbundbank, die weiterhin in der Sparkassen-Finanzgruppe verbleibt, und eine Erste Abwicklungsanstalt genannte Bad Bank. Der von der Bundesregierung verfasste Restrukturierungsplan ist im Februar zur Prüfung an die EU-Kommission übersandt worden. (14)

Ein Stachel im Fleisch der Geschäftsbanken sind die

**Sparkassen.** Mit nach eigenen Aussagen 50 Millionen Kunden und erheblichen Anteilen bei der Mittelstandsfinanzierung sind sie im Retailgeschäft Marktführer in Deutschland. Diese starke Positionierung der Sparkassen ist ein wichtiger Grund dafür, dass kaum ein Markt so heftig umkämpft ist wie der deutsche. Branchenexperten bemängeln, dass die starke Stellung der öffentlich-rechtlichen Institute - zu denen auch die Genossenschaftsbanken gehören - den Großbanken das Leben schwer machen und diese daher auf risikoreiche Finanzmarktgeschäfte ausweichen müssten. Da weder die Sparkassen noch die Genossenschaftsbanken für die Finanzkrise verantwortlich sind und sie darum auch kein Geld aus dem Rettungsschirm in Anspruch nehmen mussten, haben es die Kritiker der dritten Säule des deutschen Kreditsektors derzeit allerdings schwer.

Nach Aussagen des Spitzenverbandes der deutschen Sparkassen hat sich die konjunkturelle Erholung des Jahres 2010 auch auf ihr Geschäft positiv ausgewirkt. Mit einer Eigenkapitalrendite von 10,8 Prozent vor Steuern (nach 8,7 Prozent im Jahr 2009) und einer Kosten-Ertrags-Quote von 60,6 Cent stünden die Sparkassen betriebswirtschaftlich so gut da wie in den vergangenen fünf Jahren nicht mehr. Für die neuen Anforderungen infolge von Basel III sind die Sparkassen Experten zufolge gut gerüstet. (16)

Ein außerordentlich gutes Jahresergebnis haben auch

die **Genossenschaftsbanken** gemeldet. Die 1 138 Volksbanken, Raiffeisenbanken, Sparda-Banken und PSD Banken erzielten demnach einen Jahresüberschuss vor Steuern von 4,3 Milliarden Euro, was gegenüber 2009 einem Plus um 27 Prozent entspricht. Sowohl bei Krediten als auch bei den Kundeneinlagen haben die Genossenschaftsbanken 2010 Marktanteile hinzugewonnen. (17)

## Internationaler Bankenmarkt

Die **US-Banken** haben die Folgen der Finanzkrise gut überstanden und verbuchen trotz der schwachen US-Konjunktur wieder hohe Gewinne. Ein Beispiel dafür ist die zweitgrößte amerikanische Bank, Wells Fargo. Noch vor zwei Jahren musste das Geldhaus bei der Federal Reserve anklopfen und kurzfristige Überbrückungskredite von 45 Milliarden Dollar beanspruchen. Nun aber schwimmt das Finanzinstitut wieder im Geld: Im vierten Quartal 2010 wurde ein Gewinn von 3,41 Milliarden Dollar erwirtschaftet. J.P. Morgan erzielte im vierten Quartal einen Gewinn von 4,83 Milliarden Dollar. Dass es den Kreditinstituten trotz der Konjunkturflaute wieder so gut geht, liegt insbesondere am historisch niedrigen Zinsniveau.

Die amerikanische Öffentlichkeit will jedoch noch nicht wieder zur Tagesordnung übergehen. Weitere

Regulierungsmaßnahmen stehen bevor und werden von den US-Banken und ihren traditionell großen Lobbyabteilungen torpediert wo nur möglich. Als ungerecht empfinden es die US-Amerikaner zudem, dass die Gründe für die Finanzkrise noch immer nicht klar zu Tage gefördert wurden und dass bisher kein Bankmanager vor Gericht gestellt worden ist. Dies könnte der 600 Seiten starke Senatsbericht ändern, der kürzlich fertiggestellt wurde. Insbesondere Goldman Sachs, aber auch die Deutsche Bank werden hier für verantwortungslose Geschäfte an den Pranger gestellt. Herausgekommen ist bei den Recherchen, dass Kunden getäuscht und Geschäftsregeln gebrochen wurden. Der Bericht macht damit deutlich, dass Banken wie Goldman Sachs und ihre Geschäftspraktiken ein Fall für das Justizministerium sind. Ob es zu Anklagen kommt, steht derzeit aber noch in den Sternen. (18)

Im Fokus der internationalen Beobachter stehen derzeit jedoch die Banken aus den Schwellenländern. Gerade **Chinas Banken** machen Rekordgewinne und legen darüber hinaus einen Rekord-Börsengang nach dem anderen auf das Parkett. Die Industrial Bank of China ist heute die größte Bank der Welt, gefolgt von der China Construction Bank. Auf Platz acht rangiert die Bank of China. (15), (19), [Abb. 3]

# Trends

## Chinas Banken streben nach Europa

Chinas Banken scheinen sich die derzeit aufzumachen, den Westen zu erobern. Branchenexperten beobachten, dass die Kreditinstitute insbesondere europäischen Pleitestaaten günstige Darlehen gewähren, die sie, einem Masterplan folgend, irgendwann in politischen Einfluss ummünzen wollen. Auch in Zentraleuropa werden die Banken aktiv, obwohl sie dort nicht auf die Renditen kommen, die sie auf ihrem Heimatmarkt erreichen. Stattdessen winken sehr gut ausgebildete Mitarbeiter, ein hoch entwickelter Markt und exzellente Steuerungssysteme. (15)

## Druck auf die Landesbanken

Für großes Aufsehen hat eine Streitschrift gesorgt, die für eine Neuordnung des Sparkassen- und Landesbankensektors plädiert. Die Autoren bemängeln, dass es im Widerstreit der Interessen von Ländern, Kommunen, Sparkassen, Sparkassenverbänden und Landesbanken bis heute nicht gelungen sei, den Landesbankensektor auf ein tragfähiges Fundament zu stellen. Kritisiert wird zudem die enge Verflechtung zwischen Sparkassen und Landesbanken, die eine isolierte Therapie der Landesbanken erschwere. Vernünftig seien daher ein Rückbau der Landesbanken sowie eine Neuordnung der Aufgabenverteilung innerhalb des Sparkassen- und Landesbankensektors. (20)

## Zahlen & Fakten

Abbildung 1:

Nur wenig auf der hohen Kante

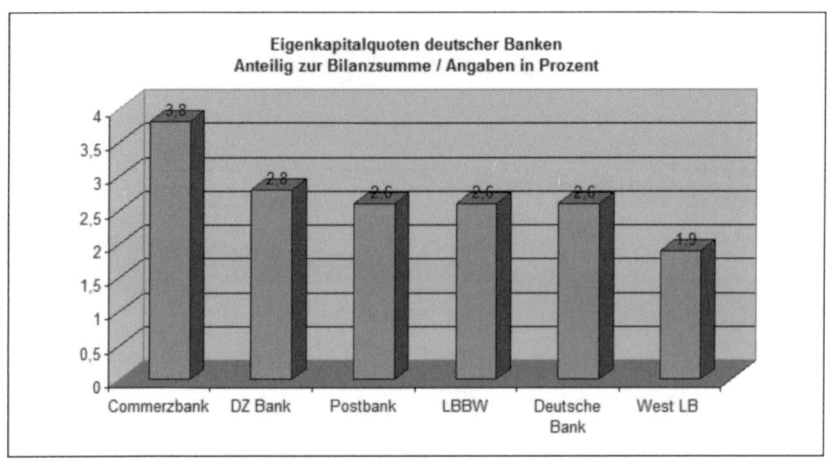

Quellen: Banken, Deutsche Bundesbank, FAZ

Entnommen aus: Frankfurter Allgemeine Sonntagszeitung, 06.03.2011, Nr. 9, S. 35, (1)

Abbildung 2:

Falsch beraten?

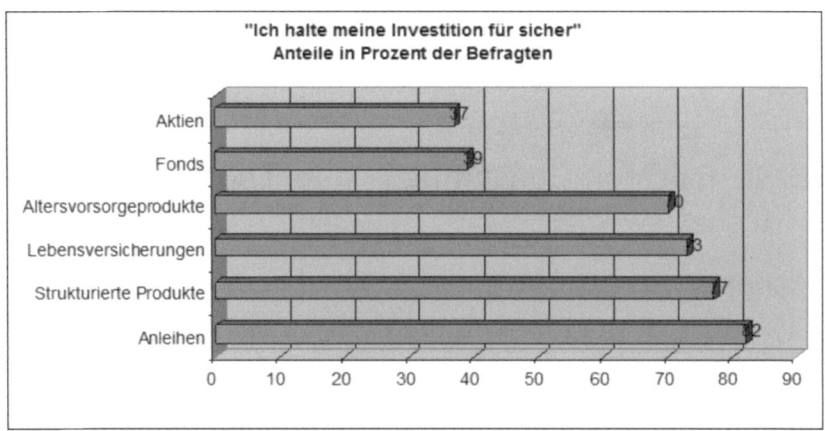

Quellen: Europäische Union

Entnommen aus: Börsen-Zeitung, 27.11.2011, Nr. 230, S. 3, (22)

Abbildung 3:

Vier chinesische Banken unter den Top Ten

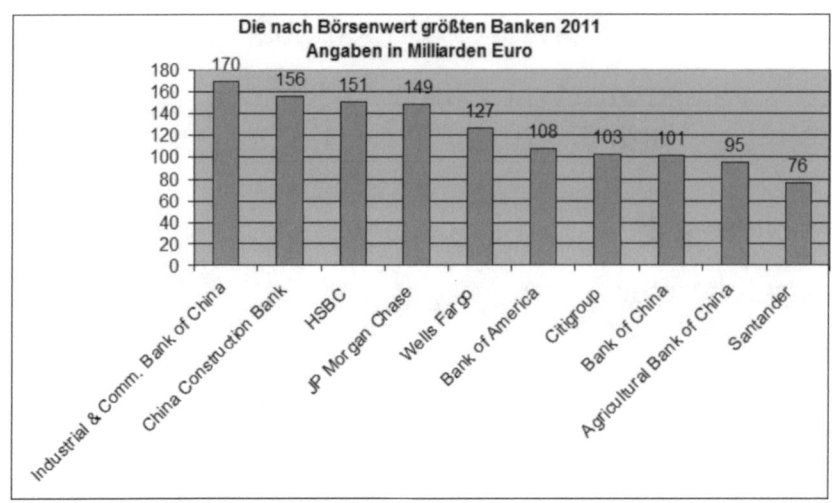

Quellen: Boston Consulting Group, Thomson Reuters, Wirtschaftswoche

Entnommen aus: WirtschaftsWoche, 14.02.2011, S. 42, (21)

# Weiterführende Literatur

(1) Schon wieder wanken Banken
aus Frankfurter Allgemeine Sonntagszeitung,
06.03.2011, Nr. 9, S. 35

(2) Euro in der Krise?
aus RISIKO MANAGER Nr. 03 vom 03.02.2011

(3) Kreditinstitute bauen weiter Arbeitsplätze ab
aus Stuttgarter Zeitung, 08.01.2011, S. 14

(4) Bankensektor konnte sich aus dem Tal der Tränen befreien - doch eine nachhaltige Lösung der Eurokrise steht noch aus Das Jahr war weit besser als die Prognosen
aus Die SparkassenZeitung, 17.12.2010, Nr. 50, S. 18

(5) Deutsche Banken warnen Politik vor Überregulierung
aus Frankfurter Allgemeine Zeitung, 31.03.2011, Nr. 76, S. 13

(6) Deutsche Banken brauchen 66 Mrd. Euro Mehr als ein Zehntel des globalen Kapitalbedarfs im Zuge von Basel III fällt hierzulande an
aus Börsen-Zeitung, 21.12.2010, Nummer 246, Seite 3

(7) Viele Baustellen in der deutschen Bankenlandschaft
aus Neue Zürcher Zeitung 06.01.2011, Nr. 4, S. 23

(8) Deutsche Banken halten sich für nicht mehr konkurrenzfähig
aus Frankfurter Allgemeine Zeitung, 26.10.2010, Nr. 249, S. 9

(9) Ackermann lässt sich Hintertür offen Bilanz-Pressekonferenz - Der Deutsche-Bank-Chef hält zwar an seinem Ziel fest, 2011 rund 10 Mrd. Euro vor Steuern verdienen zu wollen. Beim Ausblick auf das laufende Jahr verweist der Schweizer freilich auf einen ganzen Strauß an Risiken, die das Erreichen des Rekordergebnisses torpedieren könnten.

aus FINANCIAL TIMES Deutschland

(10) Commerzbank zahlt dem Staat noch keine Zinsen
aus 09:33:31

(11) Commerzbank auf gutem Weg
aus 09:33:31

(12) Landesbanken werden ihre Probleme einfach nicht los
aus Handelsblatt Nr. 080 vom 26.04.2011 Seite 34

(13) LBBW sieht sich auf dem Weg zur Normalität
aus Frankfurter Allgemeine Zeitung, 21.04.2011, Nr. 94, S. 18

(14) Optionen für den Weg zu einer kleinen WestLB Bundesregierung unterstützt Modell der Eigentümer und Sparkassengruppe - Verfahrensweg offen
aus Börsen-Zeitung, 19.04.2011, Nummer 76, Seite 3

(15) Banken fehlen europaweit 270 Milliarden Euro Kapital
aus Wiener Zeitung 247 vom 2010-12-22, Seite 22

(16) Sparkassen bieten von Herbst an einfache Kreditkarte
aus Frankfurter Allgemeine Zeitung, 17.03.2011, Nr. 64, S. 18

(17) Volksbanken und Raiffeisenbanken steigern Gewinn und Marktanteile / Mitgliederboom bei

Genossenschaftsbanken / BVR: Regulierung verursachergerecht gestalten
aus news aktuell, 2011-03-15

(18) Unsicherheiten bei US-Banken Die Gewinne steigen, doch wird das Polieren der Bilanzen mit Argusaugen beobachtet
aus BaZ Ausgabe vom 21.01.2011, Seite 15

(19) Rotlichtbezirk China. Mit Milliardenkrediten und spektakulären Bauprojekten kauft sich die Volksrepublik in Not leidende europäische Randstaaten ein. Und das nächste Ziel haben die Chinesen bereits im Visier: Kerneuropa
aus Capital vom 01.03.2011, Seite 46-51

(20) Landesbanken und Sparkassen gehören zusammen
aus Frankfurter Allgemeine Zeitung, 31.03.2011, Nr. 76, S. 20

(21) International: Top 10 Banken 2003, 2011
aus Wirtschaftswoche, 14.02.2011, S. 42

(22) EU springt Privatanlegern bei Brüssel will den Vergleich unterschiedlicher Anlageprodukte einfacher machen
aus Börsen-Zeitung, 27.11.2010, Nummer 230, Seite 3

# Impressum

## Branchenreport BANKEN Ausgabe 1/2011

### Bibliografische Information der deutschen Nationalbibliothek

Die Deutsche Nationalbibliothek verzeichnet diese Publikation in der deutschen Nationalbibliografie; detaillierte bibliografische Daten sind im Internet über http://dnb.d-nb.de abrufbar.

ISBN: 978-3-7379-1854-1

© 2015 GBI-Genios Deutsche Wirtschaftsdatenbank GmbH, Freischützstraße 96, 81927 München, www.genios.de

Alle Rechte vorbehalten. Dieses Werk ist einschließlich aller seiner Teile – z.B. Texte, Tabellen und Grafiken - urheberrechtlich geschützt. Jede Verwertung außerhalb der Grenzen des Urheberrechtsgesetzes bedarf der vorherigen Zustimmung des Verlags. Dies gilt insbesondere auch für auszugsweise Nachdrucke, fotomechanische Vervielfältigungen (Fotokopie/Mikroskopie), Übersetzungen, Auswertungen durch Datenbanken oder ähnliche Einrichtungen und die Einspeicherung und Verarbeitung in elektronischen Systemen.